BEI GRIN MACHT SICH IHR
WISSEN BEZAHLT

- Wir veröffentlichen Ihre Hausarbeit,
  Bachelor- und Masterarbeit

- Ihr eigenes eBook und Buch -
  weltweit in allen wichtigen Shops

- Verdienen Sie an jedem Verkauf

Jetzt bei www.GRIN.com hochladen
und kostenlos publizieren

Die Person Julius Streicher und die antisemitische Radikalisierung im "Stürmer"

Wann trat die Person Streicher in den Hintergrund des Stürmers und wann überschritt dieser die Schwelle zum rein antisemitischen Wochenblatt?

Thomas Barkow

Bibliografische Information der Deutschen Nationalbibliothek:

Die Deutsche Nationalbibliothek verzeichnet diese Publikation in der Deutschen Nationalbibliografie; detaillierte bibliografische Daten sind im Internet über http://dnb.d-nb.de abrufbar.

ISBN: 9783389031537
Dieses Buch ist auch als E-Book erhältlich.

Druck und Bindung: Books on Demand GmbH, Norderstedt Germany
Gedruckt auf säurefreiem Papier aus verantwortungsvollen Quellen

Das vorliegende Werk wurde sorgfältig erarbeitet. Dennoch übernehmen Autoren und Verlag für die Richtigkeit von Angaben, Hinweisen, Links und Ratschlägen sowie eventuelle Druckfehler keine Haftung.

Das Buch bei GRIN: https://www.grin.com/document/1478459

Julius-Maximilians-Universität Würzburg

Fakultät für Philosophie

Institut für Geschichte

Lehrstuhl für Neueste Geschichte

Proseminar: Das Jahr 1923 in neuer Perspektive

Wann trat die Person Streicher in den Hintergrund des Stürmers und wann überschritt dieser die Schwelle zum rein antisemitischen Wochenblatt?

Verfasst und vorgelegt von:

Barkow Thomas

Fachsemester: 2.

Fächerkombination: LAGY-Geschichte-Englisch

Inhalt

1. Einleitung

Der Stürmer gilt wohl als „the most infamous newspaper in history"[1]. Ihr Besitzer Julius Streicher hetzte in dieser 1923 gegründeten Zeitung fast 25 Jahre gegen die jüdische Bevölkerung. Seine Zeitung machte ihn reich, fungierte als Sprachrohr der antisemitischen Bewegung und ist sicherlich als ein Vorbote für weitere Geschehnisse der NS-Zeit zu sehen. 1946 musste er sich in Nürnberg unter anderem für seinen Antisemitismus in seinem Wochenblatt verantworten und wurde zum Tode durch den Strang verurteilt und hingerichtet.[2] Das Kampfblatt Der Stürmer trat nicht immer als reines Hetzblatt gegenüber jüdischen Menschen auf. Vielmehr galt es anfangs als Kampfmittel Streichers, um ihn im politischen Kampf zu unterstützen. Streicher dominierte zu Beginn das Blatt mit seinen Kampagnen. Später geriet er jedoch in den Hintergrund und ließ somit Raum für den Antisemitismus, für welchen der Stürmer besser bekannt wurde. Parallel zu diesem *Rücktritt* Streichers spitzte sich die Sprache im Stürmer aggressiv zu und die ersten Schritte in den Bereich der antisemitischen Karikaturen wurden getätigt. Somit ist es also wichtig, um den Werdegang des Stürmers zu verstehen, sich diese drei Bereiche anzuschauen und sich die Frage zu stellen: Wann trat die Person Streicher in den Hintergrund des Stürmers und wann überschritt dieser die Schwelle zum rein antisemitischen Wochenblatt?

Um diese Fragen zu beantworten ist es wichtig möglichst nah am Original zu arbeiten. Deswegen wird sich diese Arbeit zum größten Teil auf Mikrofilme, welche Originale und somit unveränderte und unkommentierte Stürmer Ausgaben zeigen, stützen. Eine Quellenkritik wurde während des Verfassens dieser Arbeit getätigt. Diese jedoch im Ganzen hier zu äußern, würde den Rahmen dieser Arbeit sprengen. Aufgrund dessen werden nur wenige Kommentare oder Richtigstellungen bezüglich des kritischen und volksverhetzenden Inhalts des Stürmers geäußert. Ebenfalls wichtig, um eine genaue Beleuchtung des Themas zuzulassen, ist die sekundäre Literatur. Hier werden einzelne Verfasser herangezogen, welche sich genau mit den Themen Streicher, Antisemitismus, Karikaturen und dem Stürmer auseinandergesetzt haben. Probleme, die sich mit einzelnen Thesen ergeben könnten, werden im entsprechenden Kapitel behandelt.

---

[1] Bytwerk, Randall L., Julius Streicher. Nazi Editor of the Notorious Anti-Semitic Newspaper Der Stürmer, New York 2001, hier 51.
[2] Zelnhefer, Siegfried, Der Stürmer, Deutsches Wochenblatt zum Kampf um die Wahrheit. In: HLB (2008) (Online abrufbar unter:
 https://www.historisches-lexikon-
bayerns.de/Lexikon/Der_St%C3%BCrmer._Deutsches_Wochenblatt_zum_Kampf_um_die_Wahrheit   zuletzt
aufgerufen am 26.09.2023).

2. Julius Streicher als Hauptthema des frühen Stürmers

Das Kampfblatt *Der Stürmer* wurde zunächst, wie bereits erwähnt, gegründet, um Julius Streicher im Kampf gegen politische Gegner zu unterstützen. Diese konnten sowohl innerparteilich wie beispielsweise Ferdinand Bürger, als auch außerparteilich wie der DDP Abgeordnete Dr. Herrmann Luppe sein. Auch die sozialdemokratische Fränkische Tagespost war ein regelmäßiges Angriffsopfer der Zeitung. Diese Streitigkeiten waren besonders in den ersten Ausgaben Existenzgrundlage des Stürmers.[3] Sie schmückten lange die Titelseiten mit plakativen Überschriften wie „Luppe im Trommelfeuer"[4] oder „Luppes Hereinfall. Die Psychopathenschlacht im Rathaus."[5] In späteren Jahrgängen nahm Streicher jedoch eine passivere Rolle ein und lies somit Raum, in welchem sich der Antisemitismus, wie man ihn aus dem Nationalsozialismus und späteren Stürmer-Ausgaben kennt, ausbreiten konnte. Wann genau geschah dieser Übergang in die passivere Rolle?

Bevor jedoch eine Datierung erfolgen kann, sind die Rahmenbedingungen für die zunächst einfach wirkende Frage zu definieren. Fakt ist, dass Julius Streicher stets die alleinigen Besitzrechte des Stürmers innehatte, durchgehend in der Redaktion saß und dementsprechend Artikel überprüfte, die anschließend abgedruckt wurden.[6] Grundsätzlich kann also behauptet werden, dass jeder Artikel, welcher im Stürmer erschien, Streichers Ansichten vertrat und somit nie eine Abgrenzung zu ihm stattfand. Dies ist korrekt, jedoch nicht Antwort auf diese Thesenfrage. Es wird hier vielmehr die selbstgefällige Politik Streichers betrachtet, welche zwar nie gänzlich verschwindet, sich aber durchaus von einem Hauptthema zu einem, wenn überhaupt, nebensächlichen Thema entwickelte. Zu erwähnen ist auch, dass der Großteil der Stürmer-Texte keinen Autoren nachweisen. Somit werden Texte ohne Verfasser in dieser Arbeit dem Verantwortlichen für den Inhalt zugeschlagen, der sich am Ende jeder Zeitung identifizieren lässt.

Der zuvor genannte Streit mit dem Nürnberger Bürgermeister Dr. Herrmann Luppe gleiche einer von Streicher angezettelten politischen Schlammschlacht. Es ging um Kleinigkeiten,[7] wie persönliche sowie politische Streitigkeiten und Beleidigungen.[8] Dieser

---

[3] Der Stürmer 2–4/1923 und weitere.
[4] Der Stürmer 3/1923.
[5] Der Stürmer 2/1925.
[6] Zelnhefer 2008.
[7] Roos, Daniel, Julius Streicher und „Der Stürmer" 1923–1945, Paderborn 2014, hier 84–87.
[8] Der Stürmer 3/1925. Hier wird Luppe eine Sperrstundenverlängerung vorgeworfen welche er mit Steuergeld bezahlt haben soll. Streicher bezeichnet ihn ebenfalls als Juden, was bei Streicher sicherlich einer Beleidigung gleichzusetzen ist. Auch bezeichnet Streicher den DDP-Abgeordneten(!) als „Kommunist[en]" und „Sowjetkandidat[en]", Der Stürmer 14/1923.

Streit wurde nach knapp drei Jahren 1925 gerichtlich mit der Schuldigsprechung Streichers beigelegt. Stellt der Abschluss dieses Abschnittes also eine Zäsur dar? Betrachtet werden demzufolge Ausgaben während und nach dem Streit. Dies wird eine Spanne aufzeigen, in welcher Streicher eine passivere Rolle einnahm und von den Titelseiten verschwand.

1923 erschien keine einzige Auflage, in welcher Streicher nicht seine eigenen Kämpfe in der Zeitung ausfocht. Streitigkeiten mit Bürgermeister Dr. Luppe waren Kerninhalt des ersten Stürmer Jahres. 1924 ändert sich der Kurs des Blattes nur in geringem Maße. Es erschien Anfang des Jahres die erste Auflage, welche nicht Streicher betrifft, es gab auch nur nachweislich ein einziger Artikel, der von Streicher verfasst wurde.[9] Auch wird erstmals nicht Streicher, sondern Fritz Hülf als „[V]erantwortlich[er]" für den Inhalt angeben.[10] Allgemein lässt sich das Jahr 1924 für den Stürmer trotz häufigeren Erscheinens als, *Streicher-ärmer* bezeichnen als das Jahr 1923. Der Luppe-Streicher Streit wird behandelt, aber nicht in jeder einzelnen Ausgabe.[11] Es bleibt dennoch ein sichtlich wichtiges Thema für den Stürmer.

Im Jahr 1925 fiel der Stürmer wieder in alte Muster zurück und der Luppe-Streicher Streit wurde erneut aufgegriffen, besonders ab Mitte des Jahres. Er diente als „Auftakt"[12] zum Luppe-Streicher-Prozess, dem zweiten gerichtlichen Aufeinandertreffen beider Parteien am 16. November 1925.[13] Es wurden neue und alte Anschuldigungen aufgegriffen und Streicher persönlich rief zum Protest gegen Dr. Hermann Luppe auf.[14] Auch kam es im Jahr 1925 zu einem weiteren, wenn auch im Stürmer weniger aufgebauschten Prozess, welcher Streicher betraf.[15] Somit ist zu sagen, dass auch 1925 keine Abkopplung zu oder von Streicher stattfand.

Im Jahr 1926 änderte sich aber der Kurs abrupt. Mit der Beilegung des Luppe-Streicher-Prozesses und der Schuldigsprechung Streichers im Dezember 1925 legte sich auch allmählich der Streit im Wochenblatt. Roos sieht bereits den Abschnitt Luppe mit der Verurteilung Streichers im Dezember 1925 beigelegt.[16] Dies ist aber nur als halbrichtig anzusehen. Es erschienen besonders Anfang des Jahres Titelseiten, die Luppe in Stürmer-typischer Sprache angriffen. Dies lässt sich als Nachbeben des Prozesses interpretieren. Jedoch schied Luppe mit

---

[9] Der Stürmer 9/1924.
[10] Der Stürmer 1–10, 11–16/1924.
[11] Beispielweise Der Stürmer 15/1924 und 1.
[12] Der Stürmer 39/1925.
[13] Roos 2014, 130–132.
[14] Der Stürmer 1, Extrablatt 1, 11, 32/1925 und weitere.
[15] Der Stürmer 38/1925. In der Geschichte des Stürmers sind Gerichtsverhandlungen keine Seltenheit. Diese waren jedoch immer gegen den Stürmer und nicht gegen Streicher persönlich gerichtet, Nick, I. M., Nazis, Lies, and Lullabies. A Case Study of Charactonyms in the National Socialist Children's Book Trau keinem Fuchs auf Grüner Heid, In: Names: A journal of Onomastics 70 (2022), 44–57, hier 46.
[16] Roos 2014, 82.

Voranschreiten des Jahres als Thema im Stürmer aus. Er erschien mit dem Fortschreiten des Jahres immer seltener im Stürmer und noch seltener auf der Titelseite.[17] Ebenfalls tritt Streicher nie wieder so stark im Stürmer auf, wie er es in den Jahren 1923 bis Anfang 1926 tat, selbst nicht nach seiner Defacto-Absetzung als Gauleiter Frankens, welche wegen innerparteilichen Streitigkeiten stattfand.[18] Hierzu erschien nicht einmal eine Fußnote in den Ausgaben um Februar 1940.[19]

Der Wegfall der Person Streichers lies ein Inhaltsvakuum zurück. Wie dieses gefüllt wurde, ist bezüglich des wachsenden Antisemitismus in den Anfangsjahren der Zeitschrift naheliegend, besonders beleuchtet wird dieser Anstieg in den nächsten Punkten.

3. Stilistische Entwicklung im Stürmer

3.1 Sprachliche Zuspitzung im Stürmer

Im vorherigen Kapitel wurde aufgezeigt, dass um 1926 die persönlichen Streitigkeiten Streichers wegfielen und er selbst als Person in den Hintergrund trat. Parallel dazu stieg der Antisemitismus im Stürmer radikal an. Dies lässt sich unter anderem am Sprachgebrauch zeigen. Der Antisemitismus in der sprachlichen Entwicklung lässt sich in zwei Bereiche untergliedern. Zum einen gab es eine Zuspitzung der Sprache. Hier werden zunächst Sprachebene, Stilmittel, und Sprachliche Besonderheiten im Stürmer betrachtet, welche sich über die Zeit entwickelten. Zum anderen gab es ab einem bestimmten Zeitpunkt Aufrufe zu Übergriffen gegenüber jüdischen Bürgern. Es ist zu beachten, dass der Stürmer stets antisemitisch war.[20] Deswegen muss jegliche antisemitische Ausdrucksweise in Relation zu späteren Stürmer Ausgaben stehen.[21] Dies führt dazu, dass eine restlos objektive Beantwortung nicht möglich ist, was im Umkehrschluss bedeutet, dass eine genaue Datierung nicht möglich ist. Somit kann die Antwort auf die Frage, wann die Sprache im Stürmer sich antisemitisch zuspitzte, nur in einer Zeitspanne angegeben werden.

---

[17] Der Stürmer 1–5/1926. Erst im Laufe des Jahres ließ der Stürmer von Luppe ab, siehe hier besonders die Intervalle, Der Stürmer 11, 19, 23/1926.

[18] Ermakov, Alexandr M., A blood czar of Franconia. Gauleiter Julius Streicher, In: Historia provinciae – the journal of regional history 2 (2018). 30–45, hier 41f.

[19] Man könnte dies auf eine Zensur der Presse schieben und das Streicher dieser folgte. Mit Betrachtung des, impulsgesteuerten Charakters Streichers wirkt dies jedoch als äußerst unwahrscheinlich. Vgl. hier Artikel im Stürmer besonders um 1923 sowie beispielsweise die Beschreibungen zur Person Streichers in Eastwood, Margaret The Nuremberg Trial of Julius Streicher. The Crime of „Incitement to Genocide", Lewiston u. a. 2011.

[20] Der Stürmer 1/1923, man siehe hier besonders den Fettgeschriebenen Ausruf **„Juden hatten Zutritt"**.

[21] Hierzu werden verschiedene Stürmer Ausgaben ab dem Jahr 1933 herangezogen, da man hier den Stürmer als vollends entwickelt ansehen kann.

Gegen akademische Begrifflichkeiten sträubte sich der Stürmer. Die Sprachebene der Zeitschrift war stets eine simple, sie richtete sich gezielt an den einfachen Leser. Das sprachliche Niveau, mit unzähligen Beleidigungen, selbst entwickelte sich im Stürmer nicht. Der Stürmer entwickelte jedoch einige für sich eigene Stilmittel. So machte die Zeitschrift von dem Wort Juden als Affix, besonders häufig aber als Suffix, um eine Beleidigung oder einen Gegner zu markieren und zu diffamieren, Gebrauch.[22] Der Effekt dieses Stilmittels ist nicht nur eine einfache *Stürmerhafte* Beleidigung gegenüber dem Empfänger der Beleidigung, es half auch die Ideologie des Antisemitismus voranzutreiben. So unterstützte es die Verschwörung, dass beispielweise die Banken durch Juden kontrolliert wurden, mit dem Wort „Bankenjude"[23]. Nicht nur wurde damit die antijüdische Verschwörung des raffgierigen Juden[24] unterstützt, auch wurde dem Beleidigten unterstellt, er sei Teil dieser. Diese Aneignung fand schon früh statt. Bereits in der zweiten Ausgabe des Stürmers wurde von diesem Neologismus Gebrauch gemacht.[25] Ein weitere Wirkung hatte die Beleidigung des -judens und zwar die der ständigen Wiederholung und somit einen unterbewussten Effekt für den Leser. Alles Schlechte sei dem Juden zuzuordnen, ganz egal, ob es sich um die „Judenpost"[26], einen „Plakatjuden"[27], einen „Fabrikjuden"[28] oder einen „Bankenjude[n]"[29] handelte. Dieses Affix wurde in späteren Stürmer- Ausgaben immer häufiger benutzt. Spätestens ab 1924 kam kaum eine Auflage ohne diesem aus. Andere Beleidigungen im Vergleich zu den ersten Stürmer-Ausgaben traten nicht sonderlich häufiger auf.[30] Der Stürmer machte neben diesem Affix auch von anderen Wiederholungen gebrauch. So erschienen häufig große Schriftzüge die den Kampf gegen das Judentum unterstützen sollten. Der wohl bekannteste ist der Schriftzug „Die Juden sind unser Unglück"[31]. Dieser erschien ab Januar 1926 regelmäßig im Stürmer. Es erschienen mehrere solche Kampfparolen im Stürmer.[32] So erschien schon im Februar 1924 der Kampfspruch „Deutsche Mädchen! Hütet euch vor den Juden!"[33] Diese Parolen hatten einen simplen Nutzen:

---

[22] Siehe hier beispielsweise Der Stürmer 2/1923, „Sowjetstern-Bolschewisten-Jude" oder Der Stürmer 1/1924, „Tagespost-Jude".
[23] Der Stürmer 15/1924.
[24] Bridges, Lee H., Anti-Semitism and Der Sturmer on Trial in Nuremberg, 1945–1946. The case of Julius Streicher, Denton 1997, hier 45.
[25] Der Stürmer 2/1923.
[26] Der Stürmer 1/1924.
[27] Der Stürmer Extrablatt Nr. 2/1924.
[28] Der Stürmer 7/1924.
[29] Der Stürmer 15/1924.
[30] Dies liegt jedoch am aggressiven Charakter des Stürmers, da schon die ersten Ausgaben auf Beleidigungen aufgebaut haben.
[31] Der Stürmer 2/1926 als erste Ausgabe mit diesem Kampfspruch.
[32] So erschienen Kampfsprüche wie „Frauen und Mädchen [sic] die Juden sind euer Verderben!", „Der Jude siegt mit der Lüge und stirbt mit der Wahrheit", beide Der Stürmer 1/1937 oder „Ein Volk [sic] das den Juden zum Herrn im Lande macht [sic] geht zu Grunde"42/1937.
[33] Der Stürmer 8a/1926 als erste Ausgabe mit diesem Kampfspruch.

mit der andauernden Wiederholung sollte das Thema des Juden deutlich prominenter und alltäglicher gemacht werden. Diese Anhäufung von Kampfparolen steht stellvertretend für den Inhalt des Stürmers, da um dieselbe Zeit die Artikel immer deutlicher und häufiger gegen die Juden gerichtet waren.

Der erste Aufruf zur Vernichtung der jüdischen Bevölkerung wurde spät im Stürmer geäußert. Erst ab 1938 rief die Zeitung aktiv zur Liquidierung der *Jüdischen Rasse* auf.[34] Besonders diese Ausgaben belasteten Streicher in den Nürnberger Prozessen schwer. Es gibt jedoch schon frühere Aufrufe zu Aktionen gegenüber Juden, welche die vierte Wand im Stürmer durchbrachen. Der Stürmer schrieb beispielsweise 1924 bereits über die Ziele der „Hakenkreuzler" [35]. Eines von diesen war die Ausstoßung der Juden.[36] Auch rief der Stürmer 1926 zum Boykott jüdischer Geschäfte auf: „Kauft nur in deutschen Geschäften. Kauft nicht bei Juden!"[37] Dieser Aufruf zum Boykott stellt den ersten antisemitische Aufruf an die Bürger, gegen die jüdische Bevölkerung vorzugehen, dar. In derselben Ausgabe fand ebenfalls ein Aufruf zum Boykott gegenüber jüdischen Ärzten statt.[38] Auch wenn der Aufruf zu einem Boykott bei weitem nicht so schwerwiegend ist, wie der Aufruf zur Vernichtung einer ganzen ethnischen Gruppe, so ist dieser Appell dennoch nicht zu unterschätzen. Dieser Aufruf stellte im Grund nichts anderes als einen Vorgeschmack dar, was die Nacht vom 9. auf den 10. November 1938 bringen sollte. Somit kann man die Jahre 1924, 1925 aber besonders 1926 als erste Phase der Sprachlichen Zuspitzung im Stürmer betrachten.

3.2 Die Entstehung der *Stürmer-Karikatur*

Charakteristisch für den Stürmer und seine Art des Antisemitismus sind die Karikaturen. Diese trugen dazu bei, den Hass gegenüber Juden auf einer neuen Ebene zu schüren. Die oftmals pornografischen Zeichnungen stimulierten die niederen menschlichen Triebe und schmückten regelmäßig die Titelseiten des Stürmers. Die Karikaturen des Stürmers waren so beliebt, dass Hauptkarikaturist Philipp Rupprecht seine eigene Rubrik bekam, in welcher er alleinstehende Karikaturen zeichnete, welche ein breites Thema behandelten, den „Fips Zeitspiegel".[39]

---

[34] Eastwood 2011, 238. Streicher selbst rief 1925 schon deutlich früher zur systematischen Vernichtung der Juden auf, Eastwood 2011, 40f.

[35] Der Stürmer 14/1924.

[36] Ob dies wirklich einen Aufruf an die Bevölkerung darstellt, ist zu diskutieren. Da es sich aber bei der Antwort auf die Frage um eine Jahresspanne handelt, kann diese dementsprechend angepasst werden.

[37] Der Stürmer 6/1926.

[38] Der Stürmer 6/1926.

[39] Ab Der Stürmer 16/1936.

Besonders relevant für den Antisemitismus im Stürmer sind also die typischen *Stürmer-Karikaturen*. Wann entstanden diese?

Zunächst ist jedoch zu betonen das ähnlich wie beim sprachlichen Teil, eine hundertprozentige objektive Betrachtung nicht möglich ist.[40] Dementsprechend kann auch hier nur eine Spanne angegeben werden, welche die Entwicklung beschreibt. Um jedoch die Datierung möglichst genau erfolgen zu lassen, ist Hauptbestandteil dieses Kapitels die Erstellung eines möglich genauen Werkzeugs. Es wird eine sichere Definition einer *Stürmer-Karikatur* benötigt. Sobald dieses Werkzeug erstellt wurde, ist es möglich, eine Datierung zu treffen. Was macht also eine Karikatur zu eine *Stürmer-Karikatur*?

Damit eine *Stürmer-Karikatur* als solche gilt müssen einige Punkte erfüllt werden.[41] (1) Zunächst muss natürlich der Inhalt gegen angehörige des Jüdischen Glaubens hetzen. Hier äußern sich, nach Liebel, drei Offensichtliche Kategorien. Diese drei Kategorien wären die des *Antijudaismuses*, *Antisemitismuses* und die des *politisch-ökonomischen-Antisemitismuses*.[42] (2) Als zweites Merkmal ist eine Verunglimpfung der *angegriffenen* Gruppe von Nöten. Ein beliebtes Stilmittel, besonders von Rupprecht ist es, Juden als comichafte Figur, mit dazugehörigen vermeintlich jüdischen Charakteristiken darzustellen, sei es eine Höckernase, lockiges Haar oder ein ungepflegtes Auftreten. Der *Kontrast*,[43] zwischen einem Juden als Comicfigur und der realistischen Darstellung eines Deutschen ist oftmals das offensichtlichste Merkmal.[44] (3) Für eine *Stürmer-Karikatur* ist es ebenfalls wichtig, Gefühle zu mobilisieren. Diese Gefühle waren der „Dreiklang".[45] Sie bestanden aus Hass, Neid und Frucht. Oftmals fungierten sexualisierte Karikaturen als Träger dieser Gefühle.[46] (4) Zuletzt ist es wichtig, dass die *Stürmer-Karikaturen* für sich alleinstehen können. Die Aussage der Karikatur unterstützt zwar den Artikel, auf den sie bezogen ist, kann aber auch als

---

[40] Man betrachte hier beispielsweise die Karikatur in der Ausgabe 37/1924. Ein jüdischer Industrieller fordert einen Deutschen dazu auf, seinen „Bruder" zu erschlagen. Ist dies nur antisemitisch oder *Stürmer-antisemitisch*?
[41] Betrachtet werden in diesem Absatz die Titelkarikaturen in den Auflagen Der Stürmer 12/22/1937.
[42] Liebel, Vinícius, Politische Karikaturen und die Grenzen des Humors und der Gewalt. Eine dokumentarische Analyse der nationalsozialistischen Zeitung „Der Stürmer", Opladen, Farmington Hills 2011, hier 90f. Andere Kategorisierungen sind ebenfalls möglich. So spricht Roos von sieben Hauptgruppen, Roos 2011 427f. Jedoch ist die Kategorisierung von Liebel mit 3 Überkategorien und 21 Untergruppen am umfangreichsten und somit genausten. Für diese Arbeit sind jedoch die Überkategorien ausreichend.
[43] Liebel 2011, 86f. und Roos 2013, 426f.
[44] Siehe hier beispielsweise den Kontrast zwischen dem „Deutsche[n] Weihnachtsengel" und dem „Rabbileben" Der Stürmer 53/1925.
[45] Roos 2013, 415f.
[46] Siehe hier Der Stürmer 52/1925. Ein übergewichtiger Jude, mit Hakennase und lockigen Haar reißt einer hilflosen deutschen Frau das Kleid vom Leib und entblößt sie sichtlich für den Betrachter.

eine Art Kurzform eines eigenen Beitrags oder gar als eigener Artikel betrachtet werden. Sobald diese vier Punkte erfüllt sind, lässt sich also sicher von einer *Stürmer-Karikatur* sprechen.

Es gibt einige Exemplare, welche als erste *Stürmer-Karikatur* gelten könnten. Ob dies der Fall ist, wird die Anwendung des Werkzeuges zeigen.

Die ersten offensichtlich antisemitischen Karikaturen entstanden 1924.[47] Die älteste skizzenartige Karikatur zeigt einen jüdischen Kopf mit Zylinder im Profil. Dieses Bild erfüllt zwei von den vier Vorrausetzungen. Der Zylinder steht für eine bestimmte soziale Schicht, mit der antisemitischen Verunglimpfung der Physiognomie (2) sorgt dies für ein *politisch-ökonomische* (1) Kritik der jüdischen Bevölkerung. Die zweite antisemitische Karikatur, die sich aber auch als Artikel lesen lässt, zeigt zwei Juden, welche sich darüber unterhalten, dass sie „das auserwählte Volk [seien]".[48] Auch hier treffen nur zwei Punkte zu, nämlich genau die, die bei der ersten Karikatur zugetroffen haben, (1) und (2). Hier wurden beide Abbildungen im selben Stil gezeichnet.[49] Beide lassen sich also nicht als *Stürmer-Karikatur* identifizieren. Die nächsten Ausgaben trugen nur vereinzelt Karikaturen, noch seltener antisemitische, diese konnten jedoch (2) und manchmal auch (1) erfüllen. Erst eine Ausgabe im Dezember 1924 änderte das Bild der Karikaturen im Stürmer. Es ist eine Karikatur eines industriellen Juden, welcher einen Deutschen auffordert, jemanden zu erschlagen, seinen „Bruder".[50] Abermals werden (1) und (2) erfüllt. Es wird der *Wirtschafts-Jude* kritisiert, der den hart arbeitenden Deutschen zu Gräueltaten gegen Seinesgleichen auffordert. Auch wird das erste Mal ein Kontrast (2) sichtbar. Der Jude wirkt gezeichnet, mit runden Zügen, einem unrealistischen Körperbau und stilvoller Kleidung. Der Deutsche wiederum, ist mit harten Zügen gezeichnet, wirkt realistisch und trägt eine Arbeiterkleidung, vermutlich eine Eisengießerschürze. Der Betrachter soll ein Gefühl von Unrecht verspüren, welches von einem wohlhabenden industriellen Juden verursacht wird. Hier wird das erste Mal (3) erfüllt. Dieses Unrecht gilt als Träger für die Emotionen Hass und Furcht. Diese Karikatur begleitet zwar das anti-jüdische Gedicht auf der Seite, kann aber auch als alleinstehend angesehen werden (4). Die Aussage ist klar: die Juden denken an sich und möchten ihre Gier befriedigen, auch wenn dies zum Schaden der deutschen Bevölkerung geschieht. Diese Karikatur kann man also als die erste *Stürmer-*

---

[47] Der Stürmer 11/13/24/37/1924.
[48] Der Stürmer 13/1924.
[49] Es ist möglich, dass einzelne Leser Furcht empfinden könnten bei dem Gedanken, dass die jüdische Bevölkerung das „auserwählte Volk" seien könnte. Da die jüdischen Karikaturen aber nicht bedrohlich aussehen, im Dialekt sprechen und das ‚Wort „„auserwählt[...]"' in Anführungszeichen steht, lässt diesen Gedanken eher lächerlich wirken.
[50] Der Stürmer 37/1924.

Karikatur bezeichnen. Aber genau hier den Punkt festzumachen, an dem sich das Bild des Stürmers radikal änderte, wäre nur halbrichtig. Nach dieser Karikatur erschienen nämlich für ungefähr ein halbes Jahr keine Karikaturen mehr. Erst Mitte Juni erschien wieder eine Zeichnung, welche zwar alle Punkte erfüllt, aber Luppe als jüdische Marionette kritisiert. Sicherlich eine antisemitische Karikatur, aber im Vergleich zur vorherigen bedeckter, da in erster Linie Luppe kritisiert wird und nicht das Judentum.[51] Die zweite offensichtlichste *Stürmer-Karikatur* erschien im August 1925.[52] Sie zeigt einen bettelnden Juden, welcher Almosen von einem Polizisten sammelt. Im *Kontrast* hierzu steht ein kriegsversehrter deutscher Weltkriegsveteran, welcher von einer Arbeit abgewiesen wird, da er nicht von Nutzen ist. Aber auch nach dieser *Stürmer-Karikatur* dauerte es einige Monate, bis eine weitere angefertigt wurde. Ende 1925 tritt Philip Rupprecht, auch bekannt als *Fips*, dem Stürmer bei und zeichnete ab Dezember 1925 regelmäßig die Karikaturen für die Titelseite.[53] Er nahm eine tragende Rolle im Stürmer ein und veränderte dessen Erscheinung radikal.[54] 20 Ausgaben nach der letzten veröffentlichte Rupprecht nun seine erste *Stürmer-Karikatur*.[55] Sie zeigt einen übergewichtigen Juden, der versucht eine deutsche Frau zu vergewaltigen. Alle vier Punkte sind hier erfüllt und es wird das erste Mal eine sexuelle Handlung als Emotionsträger benutzt. Gleich in der Ausgabe eine Woche später[56] erscheint eine weitere *Stürmer-Karikatur* von Fips. Es dauerte zwar ab hier zehn Ausgaben, bis eine weitere *Stürmer-Karikatur* veröffentlicht wurde,[57] jedoch erschienen nach diesen zwei Karikaturen immer regelmäßiger Zeichnungen, welche sich eindeutig als *Stürmer-Karikaturen* betiteln lassen.

Somit ist also zu sagen, dass der Stürmer das erste Mal Ende 1924 von einer *Stürmer-Karikatur* Gebrauch machte. Diese Ausgabe als Geburtsdatum der Stürmer-Karikatur zu sehen, wäre zwar richtig, aber nur die halbe Wahrheit. Es dauerte schließlich ungefähr sechs Monate, bis eine weitere Karikatur im selben Stil entstand. Diese zwei Karikaturen kann man jedoch als erfolgreiches Experiment der Stürmer Redaktion interpretieren, denn knapp ein Jahr später erschienen regelmäßig *Stürmer-Karikaturen* nach dem Vorbild der zwei genannten. Rupprecht wusste das Format der Stürmer-Karikaturen zu nutzen und gestaltete seine Karriere nach diesen.

---

[51] Der Stürmer 23/1925, da Luppe hier im Vordergrund steht, könnte man diese Karikatur genauso als *Stürmer-Karikatur,* aber genauso nicht als solche bezeichnen.
[52] Der Stürmer 32/1925.
[53] Der Stürmer 50/1925.
[54] Streicher, Julius 1945 nach Baird, Jay W., Das Politische Testament Julius Streichers, in: VfZ 26 (1978), 660–693, hier 682.
[55] Der Stürmer 52/1925. Nicht zu verwechseln mit der Ausgabe 50/1925, welche seine erste Karikatur im Stürmer war, welche jedoch nicht der Definition einer *Stürmer-Karikatur* entspricht. Der Stürmer 50/1935.
[56] Der Stürmer 53/1925.
[57] Der Stürmer 10/1926.

Die *Stürmer-Karikaturen* entstanden also um Ende 1924 und wurden regelmäßig ab Dezember 1925 verwendet. Somit sind als Entstehungsjahre 1924/1925 zu sehen.

4. Fazit

Es wurde deutlich gemacht, dass der Luppe-Streicher Streit einen sinnstiftenden Charakter für den Stürmer hatte. Die Beilegung Ende 1925 jedoch schon als Wegfall Streichers zu sehen, ist diskutierbar. Es gab ein Sichtliches Nachbeben bis Anfang 1926. Der Wegfall Streichers lässt sich also frühestens Dezember 1925, aber eher spätestens Anfang 1926 verorten. Die Wende 1925/26 markiert also diesen Wegfall. Die Sprache des Stürmers entwickelte sich nach diesem Wegfall weiter. Der Raum den Streicher ließ wurde mit antijüdischer Propaganda gefüllt. Die Sprache spitzte sich schon 1924 zu. Aber eine Wirkliche Zuspitzung ist eher in 1925 und 1926 zu datieren. Die *Stürmer-Karikaturen* dienten als weiteres Stilmittel, das die antisemitische Hetze weiterverbreitete und ansprechender gestaltete. Die ersten entstanden um 1924 wirklich Verwendung fanden diese jedoch erst ab Ende 1925. Diese Entwicklung könnte man also auf 1924 bis 1925 Datieren. Genauer wäre es jedoch nur 1925 zu nennen. Hier geschahen mehrere Dinge die für den zukünftigen Stürmer von Bedeutung waren, Fips trat dem Stürmer bei und dieser fing an regelmäßig *Stürmer-Karikaturen* zu zeichnen. Die erste willkürliche Wirkende *Stürmer-Karikatur* ist also als wichtig, jedoch nicht als Paradigmenwechsel zu bezeichnen.

Zwei Jahreszahlen treten in allen wichtigen Feldern auf: 1925 und 1926. Da für den Übergang zum rein antisemitischen Wochenblatt es von Belang ist das alle drei gennanten Bereiche erfüllt sind, ist hier auch diese erste Phase zu datieren. Abschließend ist also zu sagen, der Stürmer wandte sich 1925/26 von Streicher ab und überschritt zeitgleich mit regelmäßigen *Stürmer-Karikaturen* und radikalem Inhalt die Schwelle zum rein Antisemitischen Wochenblatt.

Quellenverzeichnis

- Baird, Jay W., Das Politische Testament Julius Streichers, in VFZ 26 (1978), 660–693.
- Der Stürmer.

Literaturverzeichnis

- Bridges, Lee H., Anti-Semitism and Der Sturmer on Trial in Nuremberg, 1945–1946. The case of Julius Streicher, Denton 1997.
- Bytwerk, Randall L., Julius Streicher. Nazi Editor of the Notorious Anti-Semitic Newspaper *Der Stürmer,* New York 2001.
- Eastwood, Margaret, The Nuremberg Trial of Julius Streicher. The Crime of „Incitement to Genocide", Lewiston u. a. 2011.
- Ermakov, Alexandr M., A blood czar of Franconia. Gauleiter Julius Streicher, In: Historia provinciae – The Journal of regional History 2 (2018), 30–45.
- Liebel, Vinícius, Politische Karikaturen und die Grenzen des Humors und der Gewalt. Eine dokumentarische Analyse der nationalsozialistischen Zeitung „Der Stürmer, Opladen, Farmington Hills 2011.
- Nick, I. M., Nazis, Lies, and Lullabies. A Case Study of Charactonyms in the National Socialist Children's Book Trau keinem Fuchs auf Grüner Heid, In: Names: A journal of Onomastics 70 (2022), 44–57.
- Roos, Daniel, Julius Streicher und „Der Stürmer", Paderborn 2014.
- Zelnhefer, Siegfried (2008), Der Stürmer, Deutsches Wochenblatt zum Kampf um die Wahrheit. In: HLB (Online abrufbar unter: https://www.historisches-lexikonbayerns.de/Lexikon/Der_St%C3%BCrmer._Deutsches_Wochenblatt_zum_Kampf _um_die_Wahrheit zuletzt aufgerufen am 27.09.2023)